TIME FOR KIDS

¡Terremotos!

Cy Armour

Asesor

Timothy Rasinski, Ph.D.
Kent State University

Créditos

Dona Herweck Rice, *Gerente de redacción*
Robin Erickson, *Directora de diseño y producción*
Lee Aucoin, *Directora creativa*
Conni Medina, M.A.Ed., *Directora editorial*
Ericka Paz, *Editora asistente*
Stephanie Reid, *Editora de fotos*
Rachelle Cracchiolo, M.S.Ed., *Editora comercial*

Créditos de las imágenes

Cover & p.1 Victor Zastol`skiy/Dreamstime; p.3 Shutterstock; p.4 Eduardo Alexandre Piccoli Rocha/Shutterstock; p.5 Alamy; p.6 Hepatus/IStockphoto; p.7 top: Luis Romero/ASSOCIATED PRESS; p.7 bottom: Qi Heng/Xinhua/Photoshot/Newscom; p.8 Gary Hincks/Photo Researchers, Inc.; p.9 Lee Prince/Shutterstock; p.9 mack2happy/Shutterstock; p.10 top: HD Connelly/Shutterstock; p.10 bottom: Rob Byron/Shutterstock; p.11 top: Kevin Schafer/Photolibrary; p.11 mack2happy/Shutterstock; p.11 bottom: Getty Images/Dorling Kindersley; p.12 Gary Hincks; p.13 mack2happy/Shutterstock; p.13 bottom: Tim Bradley; p.14 top: Claudia Dewald/iStockphoto; p.14 bottom: Yekaixp/Dreamstime; p.15 mack2happy/Shutterstock; p.15 top: Marcelo Vildósola Garrigó/Dreamstime; p.15 bottom: Radekdrewek/Dreamstime; p.16 JIJI PRESS/AFP/Getty Images; p.17 mack2happy/Shutterstock; p.17 top: Reniw-Imagery/iStockphoto; p.17 bottom: A.S. Zain/Shutterstock; p.18 Cartesia/LKPalmer; p.20 s76/ZUMA Press/Newscom; p.21 top: arindambanerjee/Shutterstock.com; p.21 bottom: x99/ZUMA Press/Newscom; p.23 Dean Mitchell/Shutterstock; back cover Marcelo Vildósola Garrigó/Dreamstime

Teacher Created Materials
5301 Oceanus Drive
Huntington Beach, CA 92649-1030
http://www.tcmpub.com

ISBN 978-1-4333-4440-4

Printed by: 51497
Printed in: China

Tabla de contenido

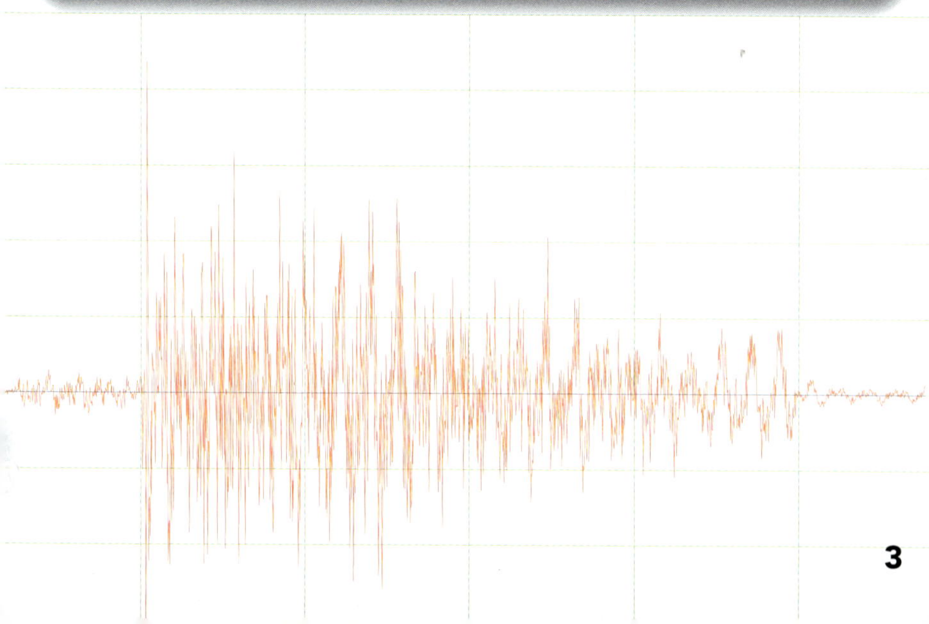

¡Terremoto!

Imagina que estás sentado a la mesa, desayunando cereal. De pronto, la leche en el tazón comienza a temblar. La mesa comienza a moverse. El piso bajo tus pies se estremece.

¿Qué está pasando?

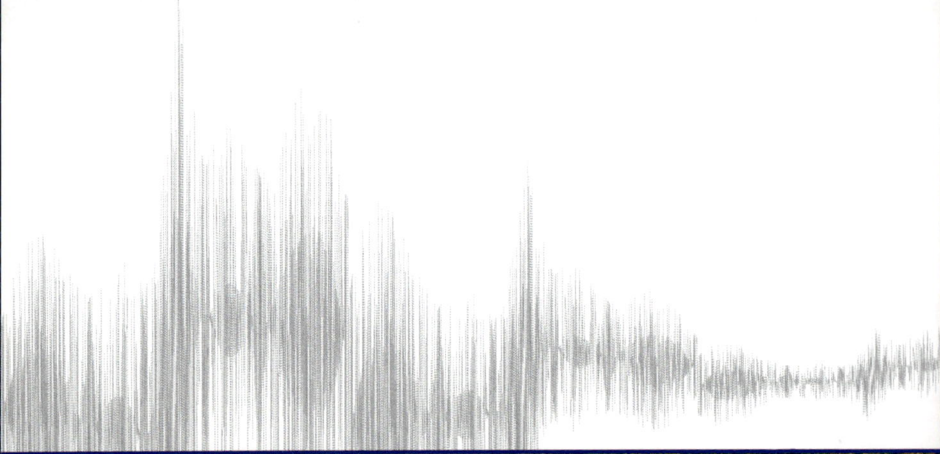

¡Es un **terremoto**!

¿Qué debes hacer? ¡Refúgiate! Métete debajo de la mesa. Ve al portal más cercano. Aléjate de las ventanas. Lo más importante es que mantengas la calma. Estarás bien.

Cómo ocurren los terremotos

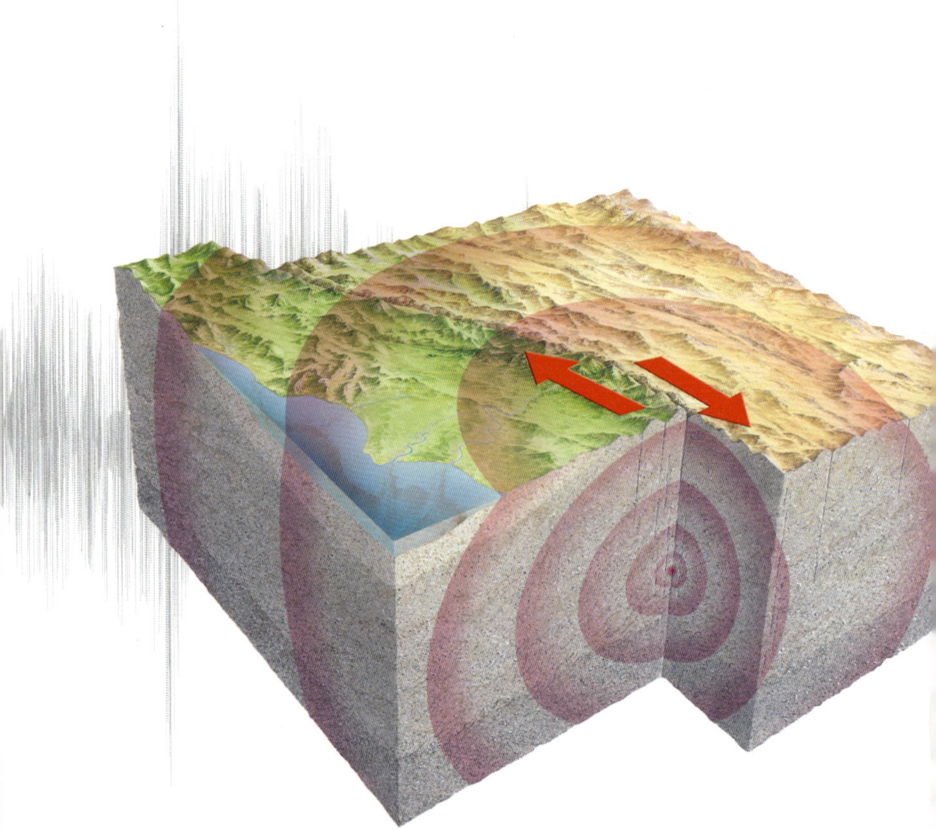

La capa superior de la Tierra (la **corteza**) está formada por **placas**. Cuando una placa se desliza contra otra, aumenta la **presión** en los costados de las placas.

Esta tierra se ha rajado a lo largo de una falla geológica.

Cuando esta presión crece demasiado, se libera. Entonces ocurre un terremoto.

Es similar a lo que pasa con una liga elástica. Imagina que estiras la liga cada vez más. De pronto, se rompe. ¡Chas!

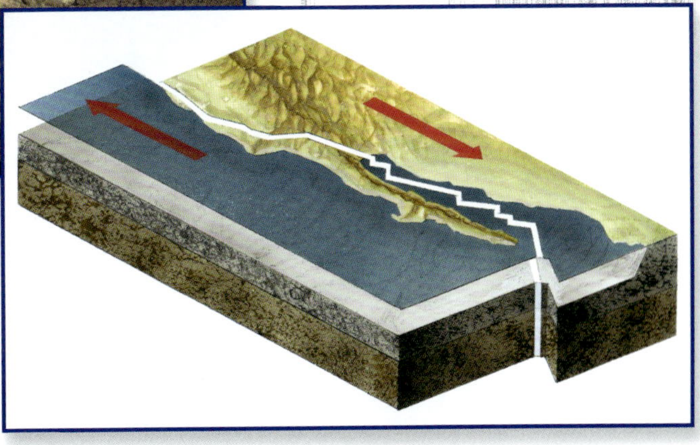

Así sucede un terremoto. Aumenta la presión y de pronto—¡chas!

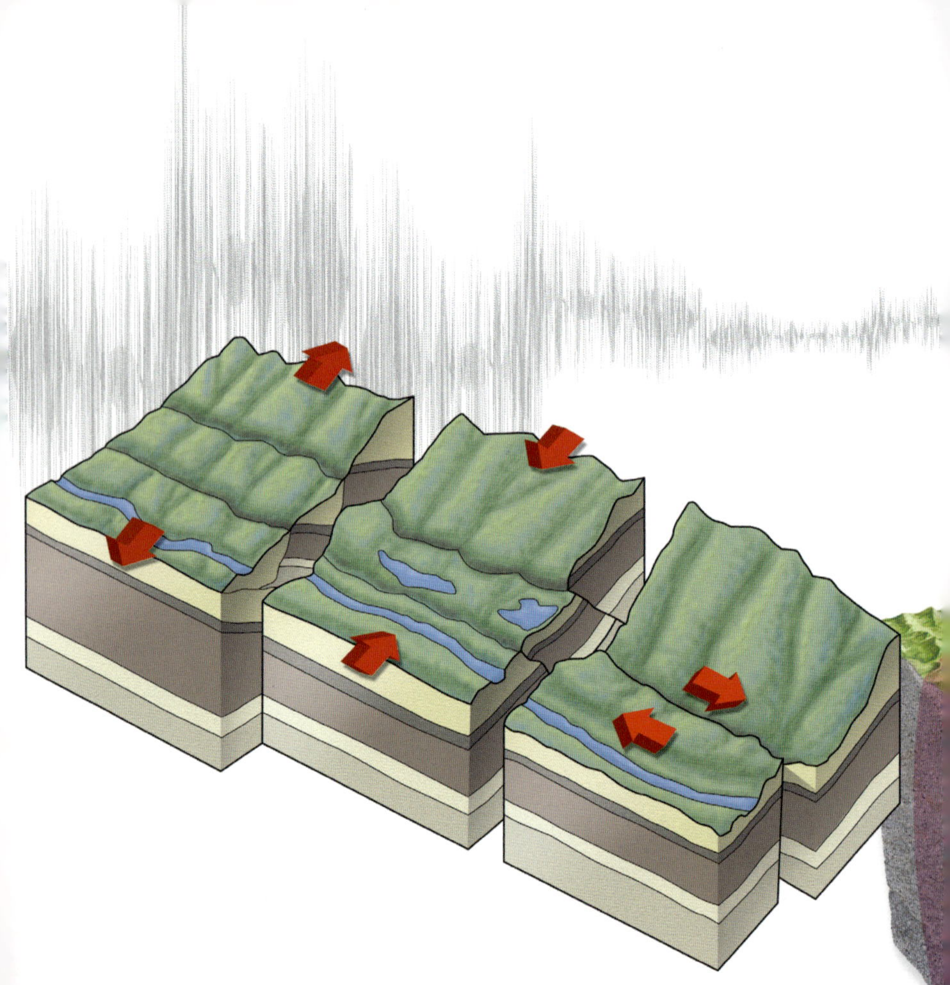

En este **diagrama** se ilustra el movimiento de las placas en distintas direcciones. La presión estalla en el **foco**, el centro del terremoto.

El epicentro es el punto en la superficie terrestre que está encima del foco de un terremoto.

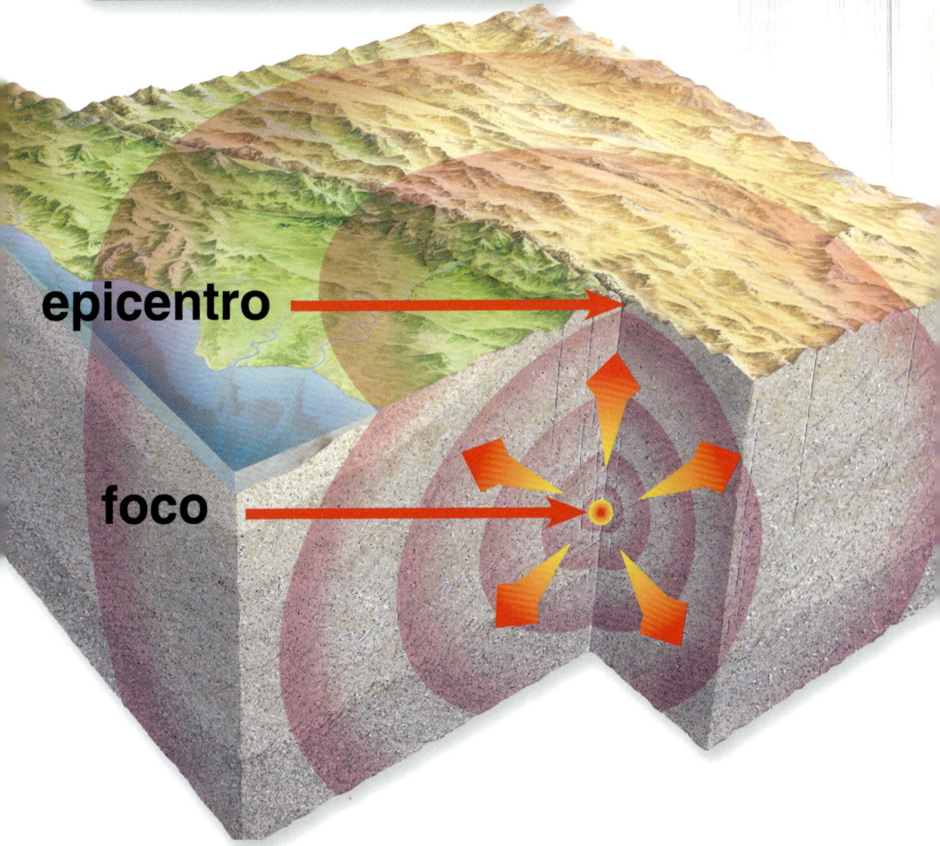

¿Qué pasa después?

Cuando estalla la presión, la tierra comienza a temblar. El temblor se aleja del foco a través de la tierra.

Esta máquina mide la intensidad de un terremoto. Se llama **sismógrafo**.

En la superficie puede verse cómo se mueve la tierra. Los edificios también se mueven y tiemblan. Si el terremoto es muy fuerte, los edificios pueden derrumbarse.

Cuando se origina un terremoto bajo el océano, hace que el agua se mueva. Hay mucha agua en el océano. Cuando toda esa agua comienza a moverse, puede formar olas muy grandes.

Estas olas gigantescas se llaman **tsunamis**. Son mucho más altas y poderosas que otras olas y pueden ocasionar graves daños.

Los tsunamis también se conocen como maremotos. Son olas muy grandes y poderosas causadas por un terremoto.

Los tsunamis pueden hundir barcos, destrozar muelles e incluso destruir edificios cercanos.

¿Dónde ocurren los terremotos?

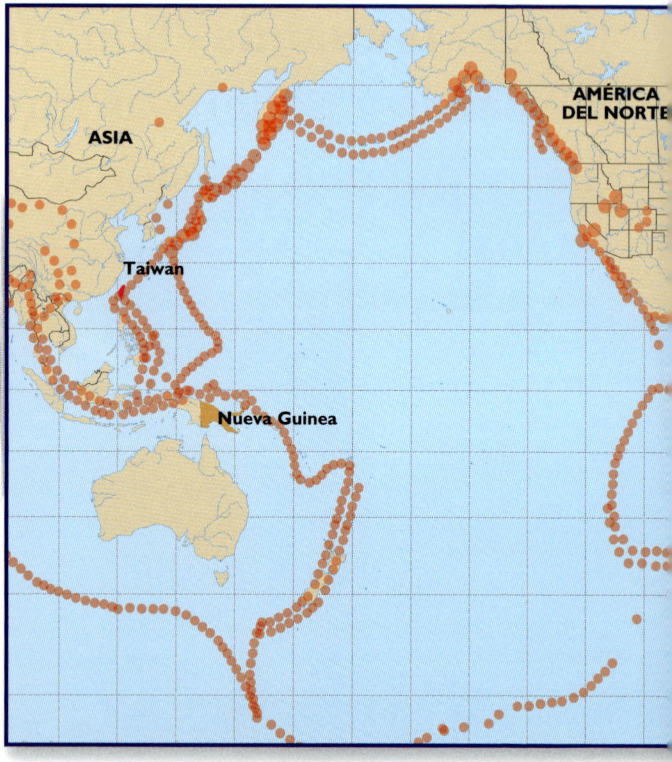

Los terremotos pueden ocurrir en cualquier parte. Pero, por lo general suceden en ciertos lugares.

Hay terremotos en las costas occidentales de Norteamérica y

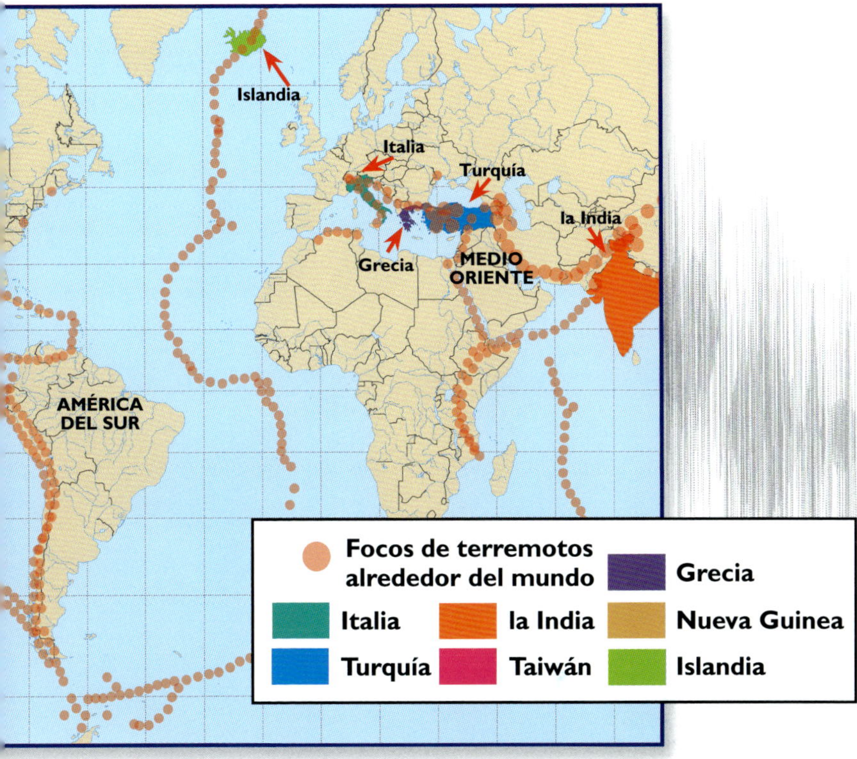

Sudamérica y también en la costa oriental de Asia. Hay terremotos en Italia, Turquía, Grecia, la India y Medio Oriente.

En estos lugares han ocurrido algunos terremotos conocidos.

La ciudad de San Francisco, en Norteamérica, tuvo terremotos terribles en 1906 y 1989. Ambos causaron grandes daños.

En años recientes, Japón y Haití tuvieron varios terremotos de gran intensidad. Miles de personas murieron y se derrumbaron muchos edificios.

Afortunadamente, estos terremotos son poco usuales. La mayoría de los terremotos son leves, con poco movimiento.

Normalmente los terremotos no ocasionan víctimas, y todo está bien.

Los terremotos son algo normal que sucede en la Tierra.

Glosario

corteza—la capa superior de la Tierra

diagrama—un dibujo que muestra cómo funciona una cosa

foco—el centro de un terremoto

placa—la parte de la corteza terrestre

presión—una gran fuerza

sismógrafo—una máquina que mide la intensidad de un terremoto

terremoto—un temblor de la tierra, causado por el movimiento de placas y la liberación de presión

tsunami—una ola muy alta y poderosa causada por un terremoto